VILLE D'ABBREVILLE

Règlement Général de l'Abattoir

des

MARCHÉS AUX BESTIAUX

et de

L'INSPECTION des VIANDES et DENRÉES ALIMENTAIRES

AMIENS

IMPRIMERIE DU PROGRÈS DE LA SOMME

18, Rue Alphonse-Paillat, 18

1924

Règlement Général de l'Abattoir

des

MARCHÉS AUX BESTIAUX

et de

L'INSPECTION des VIANDES et DENRÉES ALIMENTAIRES

AMIENS

IMPRIMERIE DU PROGRÈS DE LA SOMME

18, Rue Alphonse-Paillat, 18

—

1924

RÈGLEMENT GÉNÉRAL DE L'ABATTOIR

des

MARCHÉS AUX BESTIAUX

et de

l'Inspection des Viandes et Denrées Alimentaires

Nous, Maire de la Ville d'Abbeville,

Vu le décret-loi des 19 et 22 juillet 1791 sur l'organisation d'une police municipale ;

Vu la loi du 5 avril 1884 sur l'organisation municipale ;

Vu la loi du 21 juin 1898 et le décret du 6 octobre 1904 sur la police sanitaire des animaux ;

Vu la loi du 8 janvier 1905, le décret du 24 août 1908 et la loi du 10 avril 1910 (article 65) sur les abattoirs ;

Vu la loi du 8 janvier 1921 ;

Vu les lois des 1er août 1905, 5 avril 1908 et 28 juillet 1912 sur les fraudes des denrées alimentaires ;

Vu la loi du 26 novembre 1912 et le décret du 21 mars 1914 ;

Vu l'arrêté préfectoral du 14 mai 1852 qui autorise l'établissement d'un abattoir public à Abbeville ;

Vu les délibérations du Conseil Municipal en date du 21 décembre 1923 ;

Sur la proposition de M. l'Inspecteur des Subsistances ;

Considérant qu'il convient de mettre les arrêtés municipaux concernant l'abattoir et le Service de l'Inspection des viandes et denrées alimentaires, en harmonie avec les prescriptions des lois nouvelles y relatives et avec les exigences de l'hygiène publique ;

Considérant qu'il y a intérêt, pour faciliter les intéressés, à condenser en un seul règlement, les dispositions qui leur sont imposées ;

ARRÊTONS :

TITRE PREMIER

Monopole légal de l'Abattoir Municipal.

ARTICLE PREMIER.

Conformément à l'article 2 de la loi du 8 janvier 1905 et aux prescriptions de l'arrêté préfectoral sus-visé, les tueries et les triperies particulières sont interdites sur le territoire de la commune.

Les animaux de boucherie et de charcuterie ainsi que les, solipèdes ne peuvent être abattus et préparés pour la consommation qu'à l'abattoir communal et sous la surveillance des agents de l'Administration.

Le nettoyage et l'échaudage des abats et issues ne peuvent être effectués qu'à la triperie de l'abattoir municipal.

ARTICLE 2.

Les agriculteurs et les habitants de la ville qui dûment autorisés élèvent des porcs pour la consommation exclusive de leur ménage, ont la faculté de les abattre chez eux, dans un lieu clos et isolé de la voie publique sur laquelle le sang et les détritus ne devront jamais être répandus et à la condition que les animaux seront assommés avant d'être saignés.

ARTICLE 3.

Dans le cas ou par suite d'accidents ou de toute autre circonstance il est devenu nécessaire d'abattre un animal de boucherie ou de charcuterie en dehors de l'abattoir, le directeur de l'abattoir doit être prévenu immédiatement afin qu'il puisse assister à l'abatage ou s'y faire représenter.

L'animal dépouillé et éviscéré sera ensuite transporté à l'abattoir en vue de l'inspection et de l'estampillage. Il sera apporté entier accompagné de tous ses abats : le poumon, le foie et les reins restant adhérents par leurs attaches naturelles.

Dans tous les cas d'abatage d'urgence, les viandes et les abats pourront rester consignés pendant vingt-quatre heures avant leur examen définitif.

Lorsque le contrôle sanitaire n'a pas eu lieu comme il vient d'être stipulé, les cadavres sont enlevés par l'équarrissage ou saisis d'office s'ils sont présentés à l'abattoir.

TITRE II.

Personnel : Composition, Attributions, Gestion.

Article 4.

Le service de l'Inspection des viandes, des denrées alimentaires, des foires et marchés a pour mission :

1º De veiller à la salubrité de toutes les viandes préparées à l'abattoir et des viandes de toutes sortes introduites en ville pour y être vendues pour la consommation publique, déposées ou mises en vente dans les boucheries, charcuteries, triperies, épiceries, dépôts, entrepôts ou autres établissements similaires ;

2º D'assurer la visite des poissons de mer et d'eau douce, de la volaille, du gibier, des fruits et légumes exposés et mis en vente dans les halles, marchés, boutiques, magasins, etc. ;

3º De visiter les boucheries, charcuteries, triperies, épiceries et autres établissements similaires établis en ville au point de vue de leur installation hygiénique ;

4º D'assurer l'inspection sanitaire des foires, marchés et ventes publiques de chevaux et bestiaux ;

5º De veiller à l'utilisation régulière du matériel de la ville mis à la disposition des bouchers, charcutiers et tous autres usagers de l'abattoir ;

6° De signaler les réparations à faire aux bâtiments de l'abattoir, concurremment avec le Service d'architecture chargé de l'entretien des bâtiments communaux ;

7° De maintenir dans cet établissement le bon ordre, la propreté et la sécurité du travail.

ARTICLE 5.

Le personnel de ce service comprend :

1° Un vétérinaire inspecteur, directeur de l'abattoir, chef de service qui a seul la direction du service dont il est responsable. Il en assure les relations avec l'Administration municipale.

Comme délégué du maire dans ses devoirs de police, il dirige le service de manière à ce que toutes les obligations qui viennent d'être énumérées soient remplies par le personnel placé sous ses ordres. Il a également autorité sur les personnes qui fréquentent l'abattoir.

Il envoie à la fin de chaque mois un rapport général sur les opérations de son service et les propositions que ses fonctions peuvent lui suggérer dans l'intérêt de l'hygiène publique et de la marche régulière des opérations du service ;

2° Deux vétérinaires locaux chargés exclusivement de l'inspection sanitaire des foires et marchés aux bestiaux des races chevaline, asine, mulassière, bovine, ovine, caprine et porcine. Ils envoient après la fermeture de chaque marché, un rapport au chef de service constatant le nombre d'animaux amenés, le nombre d'animaux vendus, les prix maximum et minimum dans chaque catégorie.

Ces inspecteurs adjoints sont tenus de remplacer le vétérinaire inspecteur, directeur de l'abattoir, en cas de maladie ou de congé ;

3° Un receveur du bureau d'octroi établi à l'abattoir, chargé de la perception des droits d'octroi, d'abatage, de visites sanitaires, de pesage public et généralement de toutes les taxes applicables aux usagers de l'abattoir.

Il remplace le directeur quand celui-ci s'absente dans la journée, il fait consigner sur un registre spécial toutes les réclamations ;

4° Un concierge surveillant, chargé de veiller à l'entrée et à

la sortie des personnes et des animaux, des voitures, des viandes. Il ouvre et ferme suivant les nécessités du service, les grilles
d'entrée, ainsi que toutes les autres portes intérieures ou exté-
rieures de l'abattoir. Il conserve dans sa loge les clefs de tous
les locaux et s'assure à la fin de chaque jour, que toutes les
portes de l'établissement sont bien fermées.

Il sonne la cloche pour rappeler aux heures réglementaires,
la cessation du travail et l'évacuation des divers ateliers.

Il veille au bon fonctionnement du service de l'eau et de
l'éclairage et à l'entretien des bâtiments.

Il rend compte, sans délai, au directeur et au receveur, selon
les cas, de tous les faits anormaux, infractions et contraventions qu'il relèvera ainsi que toute dégradation, quelle qu'en soit
la cause, survenue aux bâtiments ou au matériel. Il est chargé
du pesage des animaux et vérifie l'observation des règles édictées au sujet de leur abatage et assiste le directeur dans ses
visites pour le marquage des viandes.

Tous ces agents sont assermentés.

5º Un garde-bestiaux nommé par le maire sur la proposition du directeur de l'abattoir, logé à l'abattoir, assuré par
la ville.

Ce garde-bestiaux est chargé de la réception des animaux à
l'abattoir dès leur arrivée, de leur mise en place dans les bouveries, bergeries, porcheries.

Il nettoie ces bouveries, bergeries, porcheries aussi souvent
qu'elles en ont besoin. Il est chargé du service de propreté dans
toutes les parties de l'abattoir ainsi que des travaux quelconques à lui commandés par le directeur dans l'intérêt de la salubrité.

Il rend compte immédiatement au directeur de tout symp-
tôme suspect qu'il viendrait à constater chez l'un quelconque
des animaux de boucherie introduit ou logé dans l'abattoir.

Il est tenu de faire une ronde dans les bouveries, bergeries,
porcheries à la fermeture de l'abattoir et une autre dans le
courant de la nuit. En cas d'accident nocturne, il devra pré-
venir le tueur d'abattre immédiatement le sujet accidenté et
devra aider le tueur dans ce travail.

Il entretient la propreté du bureau du vétérinaire-inspecteur.

6° Un cantonnier chargé du nettoyage, de l'entretien de propreté du hall d'abatage, du vestiaire, de la triperie et des water-closets.

Il ramasse dans les chariots *ad hoc* les détritus des panses, des intestins et les porte aux endroits désignés, il nettoie les murs, le sol, les carreaux de ces divers ateliers ; il est tenu de signaler au directeur tous les dégâts constatés, aves si possible le nom de l'auteur de cette dégradation.

Il ne devra quitter l'abattoir qu'après que tout aura été nettoyé ;

7° Un mécanicien-chauffeur chargé de la conduite et de l'entretien de la chaudière. Il devra assurer le fonctionnement régulier de cette chaudière et exécuter les réparations. Il assurera l'entretien et le graissage de tout le matériel mécanique de l'abattoir.

ARTICLE 6.

Les personnes logées à l'abattoir ne pourront sous aucun prétexte :

1° Élever ou entretenir des poules, pigeons, lapins ou autres animaux ;

2° Étendre ou faire sécher du linge dans les cours ou dépendances de l'abattoir, si ce n'est dans les bâtiments affectés à leur habitation ;

Jeter ou déposer ailleurs que sur les fumiers, les balayures ou autres immondices du ménage.

ARTICLE 7.

Il est interdit au vétérinaire-inspecteur de faire de la clientèle personnelle.

ARTICLE 8.

Défense est faite aux employés de l'abattoir à peine de destitution et sous quelque prétexte que ce soit d'accepter du public aucune gratification ou prêt soit en argent, soit en nature.

Défense est faite à tous les bouchers, charcutiers, tripiers et à toute personne ayant à faire à l'abattoir sous peine de poursuites et même d'expulsion de cet établissement, de donner aux employés aucune gratification et de leur faire aucun prêt d'argent pour quelque cause que ce soit.

Article 9.

Aucun employé, concierge, garde-bestiaux, cantonnier, tueurs, etc., ne peut s'absenter sans l'autorisation du directeur et ne peut refuser de remplir des fonctions ne rentrant pas dans ses attributions spéciales, le service devant toujours être assuré par des employés présents.

Article 10.

Le personnel de l'abattoir doit apporter dans le service autant de politesse et de correction que de fermeté et de vigilance.

Tous les agents composant le personnel, quelles que soient leurs fonctions, sont placés sous la protection de l'autorité publique. Les injures, les outrages par gestes, propos ou actes envers le personnel de la part des usagers de l'abattoir ou de leurs employés ou de personnes entrées dans l'établissement pour un motif quelconque, seront constatés par des procès-verbaux et poursuivis conformément à la loi. Il en sera de même quand ces agents auront été volontairement gênés ou empêchés dans l'exécution de leur service.

TITRE III.

Foires et Marchés aux Bestiaux.
De la Conduite des Animaux en Ville.

Article 11.

Les vétérinaires inspecteurs des foires et marchés inspectent au point de vue des maladies contagieuses prévues par la loi, les animaux amenés sur les foires et marchés tenus sur le territoire de la commune d'Abbeville à toutes époques où ont lieu ces foires et marchés.

Article 12.

Les foires et marchés auront une durée réglementée et déterminée par arrêté spécial, les animaux amenés seront soumis à

2.

l'inspection sanitaire au moment de leur entrée, pendant leur séjour sur le marché et dans les écuries des auberges. Les bêtes de toutes les espèces pourront être aux fins d'examen l'objet de manipulations jugées nécessaires par les vétérinaires inspecteurs, effectuées concurremment par les propriétaires ou leurs représentants.

Tous les porcs seront déchargés des voitures, les animaux des espèces bovine et chevaline seront attachés ou fixés convenablement.

ARTICLE 13.

Dans le cas de constatation de maladies contagieuses, les vétérinaires-inspecteurs devront en aviser immédiatement le vétérinaire inspecteur chef de sercice. Les animaux atteints ou suspects seront dirigés sur l'abattoir et le vétérinaire inspecteur, chef de service, provoquera d'urgence l'application des mesures édictées par la loi du 21 juin 1898 et le décret du 6 octobre 1904 en ce qui concerne la police des foires et marchés.

Les marchands, propriétaires, commissionnaires de ces animaux sont tenus d'en faire connaître immédiatement la provenance exacte.

ARTICLE 14.

L'entrée du marché est interdite aux animaux atteints de maladies, qui bien que ne figurant pas dans la loi sanitaire sont reconnues contagieuses ou transmissibles comme le piétin, la diphtérie, etc.

ARTICLE 15.

La circulation du bétail en liberté est interdite dans l'intérieur de la Ville d'Abbeville.

ARTICLE 16.

Les animaux conduits individuellement ou en bandes devront être solidement entravés ou attachés derrière un charriot, exception est faite pour les troupeaux de moutons et de chèvres.

ARTICLE 17.

Les animaux conduits à l'abattoir devront suivre la chaussée d'Hocquet, le port, les boulevards Vauban, de la République. Les rues de l'intérieur de la ville sont interdites à la circulation du bétail.

Les conducteurs de bestiaux ne pourront sous aucun prétexte les laisser stationner sur les promenades, sur les ponts, ni auprès des habitations, ils devront les conduire directement au lieu de leur destination.

TITRE IV.

Personnel Technique : Usagers, Patrons, Ouvriers.

ARTICLE 18.

Toute personne qui voudra se livrer à l'abatage des bestiaux ou à la préparation des abats soit à titre de boucher charcutier, tripier, boyaudier, soit comme particulier abattant ses propres animaux ou travaillant pour le compte des bouchers, charcutiers, tripiers, ou boyaudiers devra adresser au maire, par l'intermédiaire du directeur de l'abattoir, une demande écrite mentionnant ses nom, prénoms et adresse et spécifiant à quel titre la demande est introduite.

Il en sera de même des demandes émanant des mêmes personnes pour l'usage ou l'occupation d'un local quelconque de l'abattoir.

Le permissionnaire ou locataire recevra une carte numérotée qu'il devra produire à toute réquisition.

ARTICLE 19.

Il est admis dans l'abattoir d'Abbeville un certain nombre de tueurs, lesquels sont à la disposition des bouchers, des charcutiers et des particuliers.

ARTICLE 20.

Avant d'être admis comme tueur, le postulant aura à présenter un certificat de bonne conduite, constatant qu'il n'a subi aucune condamnation afflictive ou infamante.

ARTICLE 21.

Les tueurs devront être à l'abattoir pendant les heures d'ouverture de cet établissement. Ils ne pourront en aucun cas se refuser à travailler sous peine d'exclusion. Ils ne pourront jamais se refuser à abattre immédiatement les bestiaux que le service des abattoirs leur commande d'abattre.

ARTICLE 22.

Les apprentis doivent se trouver dans les conditions d'âge prescrits par le décret du 21 mars 1914. Les patrons observent à leur égard les conditions prévues par le décret du 7 mars 1908, sur le maximum des charges.

Les enfants au-dessous de 17 ans ne peuvent être employés aux opérations d'abatage des animaux. Les enfants au-dessous de 14 ans seront seulement autorisés à y pénétrer pour faire les courses, mais ils devront s'abstenir de toutes participations aux travaux qui y sont effectués. Ils devront sortir de l'abattoir aussitôt qu'ils auront accompli leur mission.

TITRE V.

Fonctionnement de l'Abattoir.

Chapitre I. — **Ouverture de l'Abattoir. — Heures de travail.**

ARTICLE 23.

L'abattoir est ouvert pour l'entrée du personnel technique et des animaux de boucherie et de charcuterie, pour l'exécution des divers travaux et pour la sortie des viandes, abats, issues :

En novembre, décembre, janvier et février, de 7 heures du matin à 6 heures du soir ;

En septembre, octobre, mars, avril, de 7 heures du matin à 7 heures du soir ;

En mai, juin, juillet, août, de 5 heures du matin à 8 heures du soir.

Les dimanches et jours de fêtes légales, l'abattoir n'est ouvert que jusqu'à 9 heures pour l'entrée des animaux et l'enlèvement des viandes pendant la période du 1er novembre au 1er mai.

Pendant la période du 1er mai au 1er novembre, l'abattoir sera ouvert jusqu'à midi et les travaux d'abatage et de triperie devront cesser à 11 heures.

Ces travaux d'abatage et de triperie devront être arrêtés chaque jour ouvrable une heure avant la fermeture de l'abattoir.

ARTICLE 24.

Les animaux gravement blessés dit « d'accident » peuvent être admis à toute heure, même la nuit, mais les viandes de ces animaux resteront consignées à la disposition du vétérinaire inspecteur qui pourra les garder pendant 24 heures.

Chapitre II. — **Arrivée des Animaux à l'Abattoir.**

ARTICLE 25.

Toute personne qui entre du bétail à l'abattoir doit en faire la déclaration au bureau du receveur en indiquant le nombre par espèces des bestiaux introduits et en déposant au bureau du service d'Inspection, toutes pièces les accompagnant telles que laissez-passer, certificats.

ARTICLE 26.

Tous les animaux entrant à l'abattoir devront porter la marque commerciale de leur propriétaire ou la recevoir immédiatement après leur adhésion dans les étables et porcheries.

Le garde bestiaux est responsable de cette marque.

Chaque boucher ou charcutier est tenu de faire connaître sa marque à la Direction.

ARTICLE 27.

Le gros bétail devra être solidement attaché aux chaînes d'attache. Les veaux, les moutons. les chèvres seront parqués.

Il est expressément défendu de mettre du gros bétail dans les cases destinées au petit bétail.

ARTICLE 28.

Dans le but d'éviter la propagation des diverses maladies contagieuses, notamment de celles prévues par la loi, décrets et arrêtés ministériels sur la police sanitaire, tout animal de boucherie ou de charcuterie entrant vivant à l'abattoir ne pourra en sortir.

Seul le vétérinaire inspecteur pourra autoriser la sortie d'un animal pour des cas particuliers.

ARTICLE 29.

Tout animal amené à l'abattoir en voiture ou à pied avec un laissez-passer indiquant qu'il est atteint ou suspect de maladie contagieuse devra être signalé au service de l'Inspection par le conducteur à l'entrée. Ce dernier remettra le laissez-passer audit service. La voiture ayant servi à son transport ne pourra sortir de l'abattoir avant d'être désinfectée. Les autres objets qui auront été en contact avec ledit animal seront également désinfectés dans l'établissement.

Chapitre III. — Police intérieure de l'Abattoir.

ARTICLE 30.

L'entrée de l'abattoir est absolument interdite à toutes personnes autres que celles qui y sont appelées par leur commerce ou leur travail ou qui ont reçu de l'Administration municipale ou du directeur la permission de visiter cet établissement.

Elle est également interdite à toute personne en état d'ivresse ou dans une tenue malpropre et indécente à peine d'expulsion immédiate.

ARTICLE 31.

L'entrée et la circulation dans les greniers à fourrages sont interdites à partir des heures de fermeture de l'abattoir.

Il est interdit aux garçons, appareilleurs, ou autres usagers de l'établissement de coucher dans les greniers ou d'y circuler avec des lanternes non hermétiquement closes sous peine de contravention.

ARTICLE 32.

Il est défendu d'introduire à l'abattoir des chiens autres que ceux des conducteurs de bestiaux.

Ces chiens devront être tenus en laisse ou attachés aussitôt qu'ils sont entrés dans cet établissement.

Ceux qui seront trouvés errant et sans maître seraient mis en fourrière, sans préjudice des poursuites qui seraient dirigées contre leurs maîtres.

ARTICLE 33.

Les cyclistes et cavaliers sont tenus de mettre pied à terre dès l'entrée de l'établissement.

Les voitures hippomobiles devront circuler au pas et les voitures automobiles à moteur silencieux seront seules admises à pénétrer dans l'abattoir.

ARTICLE 34.

Les attelages destinés au transport des animaux, des viandes, peaux, suifs, etc., ceux amenant du fourrage, du combustible et ceux destinés à l'enlèvement des fumiers et résidus divers ne pourront être attachés aux grilles, portes, mais seulement aux anneaux spécialement destinés à cet usage sans nuire à la circulation.

Il est défendu de laisser stationner en liberté des attelages dans l'intérieur de l'abattoir.

ARTICLE 35.

Il est interdit d'élever dans l'abattoir des veaux, porcs, moutons, chiens, volailles, pigeons, lapins, etc., et sous aucun prétexte.

Il est également interdit d'y préparer des engrais, des appâts.

ARTICLE 36.

Il est interdit aux usagers de l'abattoir d'amener avec eux ou de faire entrer dans cet établissement, en voiture ou autrement, des personnes non autorisées à y pénétrer.

ARTICLE 37.

Il est expressément défendu :

1º De fumer dans les étables, greniers, cases à paille, porcheries ;

2º D'embarrasser les halls d'abatage, les cours, les passages et autres voies de circulation avec des marchandises, ustensiles ou instruments quelconques ;

3º De loger des chevaux de service et de remiser des voitures ;

4º D'écrire, crayonner ou tracer quoi que ce soit sur les murs, portes, volets, etc., d'y placer des enseignes ou écriteaux, de planter des couteaux ou autres outils dans les portes et les boiseries ;

5º De coucher dans les greniers, étables ou autres locaux quelconques de l'abattoir ;

6º De laver les voitures dans l'établissement à moins de prescriptions spéciales du service sanitaire, d'y laver du linge ou des vêtements, d'y laver des chiens ;

7º De laisser ouverts sans nécessité les robinets d'eau ou les lampes électriques ;

8º De laver ou nettoyer les abats et les issues ailleurs que dans le local établi à cet usage ;

9º De troubler l'ordre par des paroles, querelles, cris, chants ou actes contraires à la décence et aux mœurs ;

10º De jeter des immondices sur quelqu'un ;

11º De se livrer à des voies de fait, outrages, injures, menaces par paroles ou par gestes envers les agents de l'Administration ou envers les particuliers ;

12º De commettre des actes de cruauté envers les animaux ;

13º De faire ou déposer des ordures ailleurs que dans les locaux affectés à cet usage.

ARTICLE 38.

Toute vente d'objet quelconque, tout commerce, échange sont interdits dans l'abattoir.

Les jeux de hasard et autres ainsi que tout débit de boissons fermentées, liqueurs ou comestibles, y sont formellement prohibés.

ARTICLE 39.

Il est défendu aux ouvriers et apprentis des bouchers, charcutiers ou tripiers de circuler dans les rues et cours avec des couteaux à la main.

ARTICLE 40.

Les ouvriers et apprentis des bouchers, charcutiers, tripiers, devront être munis d'un permis de travailler délivré par le directeur de l'abattoir.

Ils ne devront y séjourner que pour les besoins de leur travail.

ARTICLE 41.

Il est interdit de traire les vaches et chèvres entreposées à l'abattoir sans la permission des propriétaires.

ARTICLE 42.

Les graisses, suifs, os, déchets de viande, cuirs, peaux provenant du dehors ne pourront séjourner dans la cour, ils devront immédiatement être rentrés dans les locaux affectés à leurs dépôts.

Tous les dépôts de débris et de matières animales qui se putréfient facilement sont interdits.

ARTICLE 43.

Toute personne convaincue d'avoir détourné des viandes, issues, peaux, graisses, fromages, outils ou ustensiles, d'avoir substitué des animaux ou parties d'animaux à d'autres, ou enfin de s'être rendu coupable d'un acte frauduleux quelconque fera l'objet de poursuites devant les tribunaux.

ARTICLE 44.

L'Administration ne prend aucune responsabilité au sujet des vols et échanges qui seraient commis et ne pourra être recherchée pour quelque cause que ce soit.

ARTICLE 45.

Les marchands de bestiaux, maîtres bouchers, charcutiers, tripiers, sont tenus d'apporter dans l'emploi qu'ils font des appareils, tous les soins de bon père de famille.

Ils sont responsables de toutes les détériorations mobilières ou immobilières qui proviendraient de leur fait ou de leur négligence.

Ils sont civilement responsables des actes délictueux et des contraventions encourues par leurs agents, apprentis ou employés quelconques.

Article 46.

Toute personne qui aura brisé ou dégradé un objet quelconque devra le faire remplacer ou réparer à ses frais.

Si l'acte a été commis intentionnellement, procès-verbal sera dressé contre l'auteur.

Article 47.

Tous les usagers de l'abattoir ainsi que les préposés à la surveillance doivent obéir aux mesures prescrites par le présent règlement pour tout ce qui concerne l'ordre, la sécurité, la propreté, la salubrité de l'établissement.

Article 48.

- Tous les ans, l'Administration municipale mettra en adjudication les fumiers provenant de l'abattoir, qui seront enlevés tous les huit jours et même plus souvent si cela est reconnu nécessaire par le directeur.

Chapitre IV. — Étables et Porcheries.

Article 49.

Les animaux seront placés dans les bouveries, bergeries, porcheries suivant les instructions du directeur.

Il est interdit de placer les animaux dans d'autres locaux que ceux assignés à leur espèce ; d'en mettre en plus grand nombre que celui que le local ou la case doit en comporter et d'en laisser errer dans l'établissement.

Article 50.

Les bœufs et vaches seront attachés solidement dans les qouveries au moyen de chaînes.

Les taureaux seront attachés avec deux longes supplémentaires et ils seront munis d'anneaux.

Les portes des cases à veaux, à moutons, seront maintenues fermées avec soin.

Les portes des étables et des porcheries seront constamment fermées à moins que le service de l'inspection pendant la saison chaude, juge nécessaire de les laisser ouvertes.

ARTICLE 51.

Les animaux seront abreuvés et nourris convenablement pendant leur séjour d'attente. Ils devront recevoir une litière suffisante.

Les propriétaires seront responsables des dégâts et accidents que leurs animaux peuvent commettre.

ARTICLE 52.

Lorsqu'une femelle viendra à mettre bas à l'abattoir, son abatage ne pourra, sauf urgence, être effectué que huit jours au moins après le part.

ARTICLE 53.

Les fumiers doivent être enlevés au moins deux fois par semaine des bouveries, bergeries, porcheries, par le garde-bestiaux.

La désinfection des locaux sera faite toutes les fois qu'il sera nécessaire. La désinfection générale des étables de l'abattoir a lieu au moins une fois par an.

ARTICLE 54.

Des cases à fourrage et à paille sont données aux bouchers et aux charcutiers pour y emmagasiner leurs provisions.

Ces fourrages et pailles doivent être bottelés et parfaitement secs. En aucun cas, ils ne peuvent être sortis de l'abattoir sans avoir été utilisés.

Les voitures à fourrage et à paille ne peuvent être introduites dans l'abattoir que pendant les heures d'ouverture et seulement du lever au coucher du soleil.

Chapitre V. — **Dispositions relatives à l'abatage.**

ARTICLE 55.

Il est défendu d'abattre et d'habiller aucune pièce de bétail, bœuf, vache, taureau, veau, mouton, agneau, chèvre, chevreau, porc et porcelet sur le territoire d'Abbeville, ailleurs qu'à l'abattoir sauf dans le cas prévu par l'article 2.

L'abatage des animaux est autorisé tous les jours ouvrables, depuis l'ouverture jusqu'à une heure avant la fermeture de l'abattoir pour permettre le nettoyage des salles et de consacrer tous les soins désirables à l'habillage des animaux.

ARTICLE 56.

Dans le cas d'abatage d'urgence, en dehors des heures d'ouverture de l'abattoir, il sera perçu une taxe spéciale et supplémentaire qui sera doublée pour les abatages de nuit.

ARTICLE 57.

Tous les animaux conduits au hall d'abatage doivent être solidement entravés. Les taureaux, bœufs ou vaches dangereux ou méchants devront en outre être pourvus d'un masque.

Il est interdit de conduire les animaux en liberté dans l'intérieur de l'abattoir.

Les bouchers et propriétaires qui ne prendront pas toutes les précautions nécessaires pour conduire leurs animaux seront responsables des accidents qui peuvent survenir.

ARTICLE 58.

Aucun animal ne sera abattu dans les écuries, ni dans les cours à moins d'urgence extrême, constatée par le service d'Inspection.

ARTICLE 59.

Les taureaux, bœufs, vaches, porcs, chevaux, ânes et mulets doivent être assommés avant d'être saignés. Les veaux doivent être également assommés ou énervés. Ils seront saignés soit avant, soit immédiatement après cette opération.

Exception est faite pour les animaux sacrifiés selon le rite israélite.

Les porcs seront assommés et saignés.

Les bouchers et autres ne peuvent quitter un animal venant d'être abattu ou saigné avant qu'il soit mort. Ils doivent main-tenir les veaux, moutons, chèvres, agneaux, chevreaux, etc., égorgés sur les billets, aux treuils ou aux crochets jusqu'à ce que ces animaux soient complètement sans vie.

ARTICLE 60.

Les bouchers abattront leurs animaux à tour de rôle par ordre d'entrée et les habilleront sans désemparer, ils ne pour-ront occuper l'anneau pendant plus d'une heure et demie.

L'habillage des animaux devra être fait dans les délais stric-tement nécessaires.

ARTICLE 61.

Chaque usager de l'abattoir doit observer la plus grande propreté dans son travail.

Après chaque abatage, la place sera immédiatement débar-rassée des résidus, viscères ou autres matières provenant des animaux. Aucune partie de l'animal abattu ne devra être jetée aux égoûts, tout sera transporté aux endroits désignés.

Le sol et les murs de l'endroit où l'on vient d'abattre devront être nettoyés sommairement par les bouchers ou leurs ouvriers de façon à ce qu'il ne reste plus ni trace de sang, ni de débris d'aucune sorte.

Tous les outils, couteaux, couperets, tables et tous autres objets et accessoires servant aux bouchers devront toujours être en bon état de propreté.

ARTICLE 62.

Le sang des animaux abattus ne devra pas couler dans les égoûts. Celui des animaux égorgés dans les échaudoirs ou tout autre lieu sera reçu dans des baquets, il sera ensuite transporté dans un dépôt spécial.

Le sang destiné à la fabrication du boudin sera recueilli avec un soin extrême et dans des vases bien propres.

ARTICLE 63.

Il est défendu de jeter à la fosse au fumier, le sang, les entrailles et autres débris organiques. Ces matières doivent être mises dans des récipients spéciaux fournis par l'adjudicataire.

ARTICLE 64.

Les vidanges et débris organiques abandonnés ainsi que les viandes et abats saisis doivent être enlevés toutes les semaines par l'adjudicataire après dénaturation.

Le vétérinaire directeur peut faire enlever plus souvent ces détritus suivant les besoins.

ARTICLE 65.

Les peaux, suifs, dégras, pieds seront enlevés au fur et à mesure et transportés aux dépôts spéciaux désignés par le directeur.

ARTICLE 66.

Tous les animaux renfermés dans les écuries de l'abattoir devront être pourvus d'une litière suffisante.

Le maximum de jeûne avant l'abatage est fixé à 24 heures pour les animaux séjournant à l'abattoir.

Les propriétaires de ces animaux doivent pourvoir à ce qu'il leur soit fait des distributions d'eau assez fréquentes pour éviter les mugissements trop répétés.

Les moutons ne devront jamais être court manchés.

Quand les veaux sont pendus en l'air pour être abattus, il est enjoint de pratiquer immédiatement l'abatage et de ne pas les abandonner dans cette position. Pendant cette opération, la tête et les pattes devront être maintenues convenablement.

ARTICLE 67.

Les bestiaux transportés en voiture seront suffisamment pourvus d'espace et de litière.

Quand il sera nécessaire de leur mettre des ligatures aux membres, ils devront être liés d'une façon convenable et ne pas avoir, étant couchés, la tête pendante sur les bords de la voiture.

Ils devront être déchargés avec précaution et non jetés brutalement par terre.

Aussitôt après le débarquement, on déliera les membres des animaux qui ne seront pas tués immédiatement.

On devra procéder à l'abatage de façon à faire souffrir les animaux le moins possible.

ARTICLE 68.

Les préparations des boyaux macérés est interdite à l'abattoir même dans le local affecté aux travaux de boyauderie.

Les boyaux ne peuvent être travaillés qu'à l'état frais. Ils peuvent être ensuite salés, séchés et placés temporairement dans les locaux mis à la disposition des usagers.

Chapitre VI. — **Inspection à l'Abattoir.**

ARTICLE 69.

Le Service de l'Inspection des viandes a pour mission de veiller à la salubrité des viandes de boucherie, de charcuterie, etc.

Il ne doit jamais laisser livrer à la consommation, des viandes dont la valeur nutritive ou la nature intime sont altérées ou modifiées par un épuisement complet ou par un état maladif du sujet qui les fournit.

Aucune viande ne pourra sortir de l'abattoir sans avoir été examinée et estampillée par le vétérinaire inspecteur.

L'inspection des viandes à l'abattoir aura lieu :

Pendant les mois de novembre, décembre, janvier et février, de 9 h. 1/2 à 11 heures et de 15 heures à 16 heures ;

Pendant les mois de septembre, octobre, mars, avril, de 9 h. 1/2 à 11 heures et de 15 heures à 17 heures ;

Pendant les mois de mai, juin, juillet et août, de 9 h. 1/2 à 11 heures et de 16 heures à 18 heures.

A toute époque de l'année, l'inspection n'aura lieu que de jour. L'inspection n'a pas lieu le dimanche, sauf pendant la période où les abatages sont autorisés.

ARTICLE 70.

Les saisies seront opérées conformément aux lois et règlements existant à ce sujet et selon les notions les plus modernes d'hygiène et de salubrité, sans que les intéressés puissent arguer pour les contester, de telle ou telle pratique en usage autre part.

Est seul considéré comme propriétaire de l'animal, celui au nom duquel cet animal a été déclaré à son entrée à l'abattoir.

D'autre part les bouchers et charcutiers sont tenus, s'ils en sont requis, de déclarer la provenance des animaux qu'ils introduisent.

ARTICLE 71.

La saisie est effective du moment où elle est prononcée. Les animaux, quartiers ou abats qui en sont l'objet sont immédiatement dénaturés aux frais du propriétaire et livrés à l'équarrissage.

ARTICLE 72.

Toute saisie sera consignée par le directeur sur un livre à souches sous forme d'un bulletin signé par lui, portant toutes indications utiles et dont le double sera remis, sur sa demande, au propriétaire pour tout usage que de droit.

ARTICLE 73.

Si le propriétaire s'oppose à la saisie, l'animal, le quartier ou l'abat en litige est consigné sur place sans qu'il puisse y être apporté la moindre modification. Le propriétaire pourra prendre pour expert un vétérinaire de son choix, lequel procèdera à l'examen contradictoirement avec le vétérinaire municipal. La déclaration d'opposition à la saisie devra être formulée dans les 24 heures par écrit et remise au directeur de l'abattoir.

Si l'expert désigné par la partie et le vétérinaire municipal ne sont pas d'accord, le maire désignera un tiers expert choisi parmi les inspecteurs des viandes, spécialisés en exercice ou en retraite. mais ne faisant pas de clientèle ou le vétérinaire départemental. Sur le rapport du tiers expert, le maire statuera en dernier ressort. Les frais d'arbitrage seront à la charge de la partie qui succombera.

A défaut par le propriétaire d'avoir fait procéder à l'expertise contradictoire dans les 24 heures après la saisie, celle-ci est confirmée d'office.

ARTICLE 74.

Les viandes reconnues propres à la consommation seront marquées de plusieurs cachets portant l'inscription suivante : « Inspection sanitaire, Abbeville. »

ARTICLE 75.

Afin que le public ne puisse être induit en erreur sur la nature des viandes mises en vente, les chevaux seront marqués à un timbre spécial portant en entier les mots : « viande de cheval », les viandes de chèvre, taureau, âne ou mulet porteront en entier les marques : « viande de chèvre », « viande de taureau », « viande d'âne », « viande de mulet. »

ARTICLE 76.

L'inspection après l'abatage ne peut s'effectuer que lorsque les animaux seront habillés entièrement et après la fente complète pour les bœufs, taureaux, vaches, porcs chevaux et mulets.

Aucun organe ou partie d'organe, les viscères, les poumons en particulier, ne devront être enlevés avant que les constatations de leur état n'aient été faites par le vétérinaire inspecteur.

ARTICLE 77.

Aucune viande, aucun abat, ne pourront sortir de l'abattoir s'ils ne portent les estampilles justificatives de la visite sanitaire.

ARTICLE 78.

Il est formellement défendu aux bouchers, charcutiers et débitants d'enlever et d'altérer les marques de contrôle.

ARTICLE 79.

Il est interdit de déposer les viandes et abats ailleurs que dans les locaux à ce destiné et de les soustraire d'une façon quelconque à l'inspection.

Le maire prendra les mesures nécessaires contre les auteurs de substitution d'organes, d'abats, etc.

ARTICLE 80.

L'inspection se fera toujours au pendoir.

Tous les bouchers, charcutiers, tripiers, propriétaires, abatteurs, garçons, etc., sont tenus de faciliter toutes les visites de l'inspecteur, soit sur des animaux vivants, soit sur les viandes et abats qui leur appartiennent, qu'ils sont chargés de préparer ou dont ils ont la garde.

ARTICLE 81.

Il est interdit de faire disparaître avant l'inspection, toutes traces de lésions existantes sur les chairs et les abats.

Il est défendu de faire un épluchage étendu sans autorisation, d'enlever les grains de ladre sur les viandes ladrequées, d'enlever en totalité la plèvre et le péritoine, c'est-à-dire de gratter et de peler totalement ou partiellement l'intérieur de la poitrine et du ventre.

Les parties altérées dont l'habillage nécessite l'enlèvement doivent être conservées pour être présentées à l'inspection.

ARTICLE 82.

L'habillage des animaux morts naturellement sans effusion de sang est rigoureusement interdit, si ce n'est avec l'autorisation du directeur.

Les animaux morts nés seront enlevés et dépouillés conformément aux indications du service d'Inspection.

ARTICLE 83.

Toute viande reconnue impropre à la consommation sera saisie et dénaturée aux frais du propriétaire.

Chaque saisie sera consignée sur un registre spécial et un certificat de saisie sera délivré aux intéressés qui en feront la demande. Il ne sera pas délivré de duplicata. Ce certificat devra être soumis à la formalité du timbre s'il doit être produit en justice.

Chapitre VII. — Inspection des Viandes de cheval, âne et mulet.

ARTICLE 84.

Toute personne qui voudra se livrer au commerce des viandes de cheval, d'âne et de mulet dans la Ville d'Abbeville devra en outre des formalités imposées à la boucherie se conformer aux prescriptions suivantes :

ARTICLE 85.

Tout étal régulièrement autorisé où se débite de la viande de cheval, doit être pourvu d'une enseigne où sa spécialité soit très visiblement indiquée dans les termes suivants : « Boucherie de cheval ».

Toutes les règles et mesures d'hygiène concernant la bonne tenue, la propreté et la visite des étaux s'appliquent aux boucheries chevalines.

Si d'autres viandes sont débitées dans l'étal, les divers quartiers et morceaux de viande et de préparation chevalines seront revêtues d'étiquettes indiquant visiblement et clairement leur nature. En tout cas, les viandes hippiques devront porter l'estampille qu'elles ont reçue à l'abattoir au moment de l'inspection sanitaire.

ARTICLE 86.

Il est interdit d'abattre à l'abattoir des animaux des espèce chevaline, asine ou mulassière avant que constatation de leur état sur pied n'ait été faite par le vétérinaire inspecteur.

ARTICLE 87.

Les animaux présentant à l'autopsie des lésions de maladies indiquées à l'article 2 de l'appendice seront saisis.

Dans le cas où une maladie contagieuse serait constatée au moment de la visite sur pied ou après l'abatage, il sera procédé conformément aux prescriptions de la loi du 21 juin 1898.

Les cavités nasales, la trachée, le larynx, seront ouverts dans tous les cas.

ARTICLE 88.

Les viandes et les préparations de cheval, d'âne et de mulet doivent être vendues comme telles. Les restaurateurs, charcutiers et marchands de comestibles préparés qui vendent de ces viandes cuites sans en indiquer l'origine, ceux qui l'introduiront frauduleusement dans leurs préparations seront poursuivis conformément à la loi.

ARTICLE 89.

Des cases spéciales seront exclusivement réservées à l'abatage des chevaux, ânes et mulets.

ARTICLE 90.

Tous les articles du présent règlement non contraires aux dispositions du présent chapitre seront applicables à la boucherie chevaline.

Chapitre VIII. — Inspection des Viandes foraines.

ARTICLE 91.

Les viandes foraines devront dès leur arrivée à Abbeville, être conduites à l'abattoir sans délai pour y être visitées et estampillées.

Elles seront enlevées des paniers ou voitures et déposées dans la salle spécialement réservée à leur examen.

ARTICLE 92.

L'inspection des viandes foraines a lieu :

Du 1er avril au 1er octobre, le matin à 9 heures ; le soir à 4 heures.

Du 1er octobre au 1er avril, le matin à 9 h. 1/2 ; le soir à 3 heures.

ARTICLE 93.

Sont réputées viandes foraines et soumises aux dispositions du présent règlement, toutes les viandes de provenance extérieure dont l'énumération suit :

Les viandes mortes de taureau, bœuf, vache, cheval, âne, mulet, veau, mouton, agneau, chèvre, chevreau, porc et porcelet ; les préparations de charcuterie : saucissons, jambons, boudins, etc. Les abats, issues et débris utilisés par la triperie, tels que poumons, foies, panses, pieds, têtes, etc. ; les viandes de conserve, les salaisons et extraits de viande de toute nature.

Les viandes congelées et frigorifiées de toutes natures.

ARTICLE 94.

Les viandes foraines fraîches autres que celles provenant des espèces chevaline, asine et mulassière destinées à être consommées à Abbeville, devront être accompagnées d'un certificat de visite délivré par un vétérinaire et portant l'estampille de ce dernier ; chaque morceau de viande portera également au moins l'estampille nettement marquée.

Le certificat indiquera l'état sanitaire de l'animal avant et après l'abatage et fera connaître, en cas de saisie partielle au lieu de l'abatage, les motifs de la saisie. Il ne pourra en aucun cas empiéter sur la décision de l'inspecteur qui seul est chargé de l'acceptation ou du refus des viandes foraines.

Toute viande foraine qui, présentée à l'Inspection, ne remplira pas les conditions exigées par les paragraphes précédents sera refoulée du territoire d'Abbeville ou saisie selon qu'elle sera dépourvue de lésions apparentes ou qu'elle paraîtra altérée ou malsaine.

ARTICLE 95.

Les viandes fraîches des animaux des espèces chevaline, asine ou mulassière ne seront admises à l'Inspection sanitaire qu'aux conditions suivantes :

1º Les animaux devront être présentés en entier ou par moitiées avec adhérence complète et en position normale de la tête, de la langue, des plèvres et des viscères, des cavités abdominale et thoracique (poumons, cœur, foie, rate, reins) ;

2º Ces viandes devront être accompagnées d'un certificat dont la date ne devra pas remonter à plus de 24 heures, délivré par un vétérinaire qui y fera connaître l'état de l'animal avant l'abatage et le motif de l'abatage, l'estampillage du vétérinaire devra être nettement apposé sur le certificat d'origine et sur les viandes présentées.

Les prescriptions du paragraphe 3 de l'article précédent sont applicables à ces viandes.

ARTICLE 96.

Les viandes foraines sont frappées d'estampille portant en caractères apparents : « viande foraine, service d'Inspection. »

ARTICLE 97.

Les hôteliers, restaurateurs, maîtres de pensions et autres qui introduisent ou feraient introduire de la viande en ville pour être consommée dans leurs établissements seront soumis aux mêmes formalités que les bouchers, charcutiers et autres commerçants.

ARTICLE 98.

Les habitants d'Abbeville qui introduisent eux-mêmes des viandes pour leur usage personnel peuvent jusqu'à concurrence. de cinq kilogrammes de produits de charcuterie ou de viande de boucherie (agneau et chevreaux exceptés) et dix kilogrammes de viande de porc fraîche, salée ou fumée, les faire entrer à Abbeville sans les soumettre à l'Inspection.

Des poursuites seront engagées contre les personnes qui useraient de cette tolérance au bénéfice d'un commerçant afin de soustraire des viandes à l'Inspection sanitaire et à la perception des droits de visite.

ARTICLE 99.

Sont applicables aux viandes foraines, tous les articles du présent règlement non contraires au présent titre.

TITRE VI.

Inspection du Poisson.

ARTICLE 100.

Les poissons de mer et d'eau douce sans aucune exception seront soumis à l'examen de l'inspecteur des subsistances avant d'être mis en vente, que ces poissons soient mis en vente au parc, à la criée ou par des marchands.

ARTICLE 101.

Les revendeurs auxquels il resterait du poisson de la veille seront tenus de le représenter à l'Inspection avant de le remettre en vente.

ARTICLE 102.

L'Inspection du poisson a lieu à la halle aux poissons tous les matins :

Du 1ᵉʳ avril au 1ᵉʳ octobre, de 8 heures à 8 h. 1/2 ;

Du 1ᵉʳ octobre au 1ᵉʳ avril, de 8 h. 1/2 à 9 heures.

ARTICLE 103.

L'inspecteur pourra se rendre aussi souvent qu'il le jugera dans les boutiques où il se vend du poisson.

ARTICLE 104.

Tout poisson insalubre sera saisi, dénaturé et livré à l'équarrissage.

TITRE VII.

Fourrière aux Chiens.

ARTICLE 105.

La fourrière aux chiens est affectée à la séquestration :

1° Des chiens trouvés errants, munis ou non d'un collier avec ou sans nom du propriétaire ;

2° Des chiens ou chats suspects de rage et mis en observation.

ARTICLE 106.

La durée de la séquestration est de 48 heures pour les chiens trouvés errants sans collier ou avec collier sans nom ni domicile du propriétaire et de huit jours pour les chiens porteurs d'un collier avec le nom et le domicile du propriétaire.

ARTICLE 107.

Pendant la durée de la séquestration, les propriétaires pourront réclamer leurs chiens qui leur seront rendus après justification du paiement de la taxe municipale et des frais de capture et après avoir acquitté une redevance de un franc par jour représentant la nourriture de l'animal capturé ou mis en observation.

ARTICLE 108.

Les propriétaires qui voudraient faire abattre leurs chiens
à la fourrière municipale devront acquitter une taxe de trois
francs.

TITRE VIII.

Inspection des Boucheries, Charcuteries, Triperies, Epiceries et autres Etablissements établis en Ville.

ARTICLE 109.

Aucun étal de boucherie, charcuterie ou triperie, aucune
saucissonnerie ou fabrique de saucissons et cervelas, aucun
dépôt ou entrepôt de salaisons, boyaux salés, etc., et d'une
façon quelconque, aucune installation commerciale concernant
les viandes destinées à la consommation ou à d'autres usages ne
pourront être établis ou exploités sur le territoire de la commune
d'Abbeville sans une déclaration adressée au moins huit jours
à l'avance à la mairie. Récépissé de cette déclaration sera remise
à l'intéressé. En cas de changement de titulaire ou de trans-
fert de l'établissement, la déclaration devra être renouvelée
dans les mêmes conditions.

ARTICLE 110.

Il est interdit de mettre en vente, de manipuler ou entreposer
des viandes de boucherie, charcuterie ou triperie, des salaisons, conserves et déchets de viande dans les locaux qui ne
seraient pas reconnus comme satisfaisants à toutes les conditions exigées dans les articles qui suivent. Les locaux ainsi que
toutes les installations industrielles ou commerciales en dépen-
dant seront placés sous le contrôle et la surveillance du Service
municipal de l'Inspection des viandes.

ARTICLE 111.

Les locaux affectés au commerce de la boucherie, de la charcuterie, de la triperie, ainsi que la fabrique des saucisses et cervelas devront remplir les conditions suivantes :

a) Etal de la boucherie.

1º L'étal ou magasin aura au minimum 3^m50 sur 4 mètres et 2^m 80 de hauteur ;

2º L'étal sera fermé dans toute sa hauteur par une grille en fer et disposé de manière que l'air puisse y circuler librement ;

3º L'étal ne renfermera ni âtre, ni cheminée, ni fourneau, ni pierre d'extraction des fosses d'aisances, ni tuyaux aboutissant à ces fosses ;

4º En aucun cas l'étal ne devra contenir de soupente, ni servir de chambre à coucher. Aucune communication ne pourra exister non plus entre les chambres à coucher et tous les locaux où sont déposées les viandes et les déchets de viande ;

5º Les murs seront revêtus jusqu'à une hauteur de deux mètres au moins de matériaux imperméables et à surface lisse (faïence, marbre, ciment) ;

6º Le sol sera établi en surélévation de la voie publique avec revêtement imperméable de manière à permettre de fréquents lavages ;

7º L'alimentation en eau devra être assurée par un branchement de la canalisation de la ville.

b) Charcuteries, triperies, saucissonneries, etc.

1º Les laboratoires, cuisines et saloirs devront être installés au rez-de-chaussée. Seuls les entrepôts pourront être tolérés dans les sous-sols et les séchoirs aux étages supérieurs. Les uns et les autres ne devront pas contenir de soupente, ni servir de chambre à coucher. Ils ne devront pas renfermer de pierres d'extraction des fosses d'aisances, ni de tuyaux aboutissant à ces fosses ;

2º Le sol des laboratoires, des cuisines et des saloirs devra être rendu imperméable. Les murs et les cloisons de ces locaux seront à une hauteur de deux mètres, également imperméables et à surface lisse ;

3º Les laboratoires et cuisines devront être ventilés et ces locaux seront suffisamment éclairés par la lumière du jour ;

4° Les fourneaux et chaudières seront pourvus d'une hotte de dégagement conduisant à la cheminée, les buées et émanations, de manière qu'aucune odeur ne puisse se répandre dans l'établissement de la charcuterie, ni dans la maison ;

5° Les fumoirs des viandes seront construits en matériaux incombustibles avec portes en fer et seront placés sous la hotte de dégagement, dans les conditions déterminées pour les fourneaux et les chaudières.

ARTICLE 112.

Il est interdit de conserver dans les établissements désignés à l'article précédent, toutes viandes ou préparations de viande, ainsi que tous déchets de n'importe quelle nature qui présenteraient le moindre signe de corruption.

ARTICLE 113.

Il est interdit de distiller dans les établissements de charcuterie, les graisses déjà utilisées et désignées sous le nom de » Flambard ».

ARTICLE 114.

Il est interdit d'employer dans les salaisons et les préparations de charcuterie des sels de moruc, de varech et de salpêtrerie.

Il est interdit de mettre en vente aucun produit de charcuterie dans la composition duquel entrerait une quantité quelconque d'acide salicylique, d'acide borique ou de leurs dérivés.

ARTICLE 115.

L'emploi du plomb, du zinc ou du fer galvanisé est interdit dans la fabrication des vases ou ustensiles servant à préparer ou à contenir des produits de charcuterie.

Ceux de ces vases qui seront en étain de devront pas contenir, à titre d'alliage, plus de 10 % de plomb ou autres métaux.

Ceux qui seront en cuivre ou qui contiennent un alliage de ce métal devront être étamés à l'étain fin et entretenus constamment en bon état d'étamage.

Sont exceptés de cette disposition, les vases et ustensiles dits d'office et les balances, lesquelles devront être entretenues en bon état de propreté.

ARTICLE 116.

Il est interdit de faire usage dans les établissements de charcuterie, de saloirs, de pressoirs et autres ustensiles qui seraient revêtus de plomb ou tout autre métal (ces saloirs et ces pressoirs devront être construits en pierre, bois, grès ou ciment), de vases en poterie vernissée avec enduits d'oxyde de plomb mal fondu ou incomplètement vitrifiée et qui peuvent rendre toxiques les denrées préparées avec ces vases ; de papiers peints ou de papiers blancs lissés ou colorés avec des substances minérales (excepté le bleu de Prusse, l'outre-mer, les ocres et la craie). Si ces papiers doivent servir à envelopper, orner ou étiqueter les denrées alimentaires.

ARTICLE 117.

Il ne sera introduit dans les charcuteries et les saucissonneries que des viandes, graisses, abats préparés, préalablement visités et estampillés par le service sanitaire.

ARTICLE 118.

Aucun étalage de viande ou de denrée alimentaire ne pourra être toléré en saillie des murs de façade, ni dans les passages de marchés.

ARTICLE 119.

Les épiciers qui voudront débiter de la charcuterie seront tenus d'en faire la déclaration à la mairie.

Ces établissements devront être convenablement aérés et ventilés, ils seront tenus dans un état constant de propreté.

Les produits de charcuterie mis en vente seront déposés dans une partie du local spécialement aménagé à cet effet. Les tables et comptoirs destinés à les recevoir, seront recouverts de marbre ou de zinc ou de matériaux imperméables.

ARTICLE 120.

Les saucissonneries, les fabriques de saucisses et cervelas, demeureront constamment ouvertes durant tout le jour, afin qu'elles puissent être l'objet d'une constante surveillance hygiénique et sanitaire. Pour les mêmes motifs, il est interdit d'y travailler la nuit.

ARTICLE 121.

Les saucissonneries, les fabriques de saucisses, de cervelas, employant de la viande de cheval ou de mulet en quantité quelconque, devront être pourvues d'une enseigne extérieure portant en gros caractères lisibles et facilement visibles la nuit « Saucissonnerie chevaline » ou « Fabrique de saucissons, saucisses et cervelas de viande de cheval ».

ARTICLE 122.

Les établissements sus-visés ne pourront être utilisés qu'après qu'ils auront été reconnus propres à leur destination et que l'autorisation d'ouverture aura été donnée par la mairie.

ARTICLE 123.

Le service d'Inspection visitera fréquemment les étaux, les boutiques, les laboratoires, dépôts, caves à salaisons des bouchers, charcutiers, tripiers, épiciers et autres établissements similaires sur le territoire de la Ville d'Abbeville.

Il pourra également, quand il le jugera nécessaire, visiter les écuries et les cours des marchands de bestiaux, bouchers, charcutiers, afin de s'assurer si lesdits commerçants n'abattent pas des animaux à domicile.

ARTICLE 124.

La vente de quelque viande que ce soit est interdite sur les marchés découverts et ailleurs, excepté dans les places réservées à cet effet au marché de la halle aux denrées.

ARTICLE 125.

Les bouchers, charcutiers, marchands de comestibles ne devront soustraire aucune des viandes qu'ils détiennent au moment de la visite de l'inspecteur, qui pourra exiger toutes manipulations utiles.

ARTICLE 126.

Toutes les viandes corrompues, avariées, reconnues impropres à la consommation seront saisies et ramenées à l'abattoir par les soins des détenteurs, sur la réquisition de l'inspecteur, alors même qu'elles seraient estampillées, sans préjudice des poursuites judiciaires qui pourront être engagées conformément à la loi du 1er août 1905.

ARTICLE 127.

Toutes les viandes et tous les abats soustraits à l'Inspection seront saisis et dénaturés s'ils sont de mauvaise qualité.

S'ils sont reconnus propres à la consommation, les contrevenants seront passibles des peines édictées par l'article du règlement d'octroi et les viandes saisies au profit des établissements de bienfaisance.

ARTICLE 128.

Toutes préparations ou manœuvres frauduleuses ayant pour but de donner aux viandes une apparence de nature à tromper les acheteurs seront réprimées conformément à la loi du 1er août 1905.

ARTICLE 129.

Il est interdit aux bouchers, charcutiers et autres détaillants, de tromper les acheteurs sur la nature, la qualité et la catégorie des viandes au moyen d'étiquettes mensongères, notamment de faire passer au moyen desdits expédients de la viande de troisième qualité pour de la viande de première qualité ou de deuxième, des morceaux de troisième catégorie pour des morceaux de première catégorie, du taureau pour du bœuf ou de la vache, de la chèvre pour du mouton, etc.

ARTICLE 130.

Les viandes ne peuvent circuler à l'abattoir ou sur le territoire d'Abbeville que dans des conditions absolues de propreté quel que soit le mode de transport employé.

Elles doivent être placées dans des voitures closes ou à défaut être recouvertes complètement de linges propres de façon à être soustraites à la vue, et à ne pas être exposées à la pluie, à la neige, à la poussière.

Les voitures utilisées pour le transport doivent être propres. Il est défendu de transporter en même temps que les viandes ou abats, des cuirs ou autres débris d'animaux qui pourraient les salir.

Il est interdit de s'asseoir sur les viandes pendant le transport et de laisser monter des chiens dans les voitures à viande, chargées ou vides.

TITRE IX.

Perception des Taxes.

ARTICLE 131.

Droits d'abatage et de visite.

Cette taxe est perçue à la tête et basée sur les rendements prévus :

Pour un bœuf	15 fr.	»»
« un taureau	15	»»
« une vache	12	50
« un veau	3	»»
« un mouton	1	25
« une chèvre	0	65
« un porc	2	»»
« un cheval	10	»»
« un âne	5	»»
« un mulet	5	»»

Taxe de visite et de poinçonnage des viandes foraines.

Cette taxe est perçue à raison de 0 fr. 03 par kilo de viande nette de boucherie et de charcuterie.

Taxe de visite sanitaire des animaux entrant à l'abattoir.

Cette taxe est due pour tous les animaux entrant vivants à l'abattoir.

Par bovin adulte	6 fr.	»»
« veau	3	»»
« mouton	1	50
« porc	2	50
« cheval	4	»»
« âne ou mulet	3	»»
« chèvre	1	»»

Taxe d'abatage exceptionnel ou nocturne.

Cette taxe est fixée au double de la taxe d'abatage. Pour les abatages en dehors des heures d'ouverture de l'abattoir.
Elle est triplée pour les abatages nocturnes.

Droit d'occupation des locaux pour la réception des cuirs,
suifs et graisses.

Huit cents francs par an pour ce local et le magasin au sel.

Droit d'occupation des locaux pour le travail des boyaux.
Trois cents francs par an.

Droits de pesage à la bascule aérienne.

Bovidés à la tête	3	fr.
— par quartiers	0	75
Veau, porc	2	»»
Demi-veau, demi-porc	1	»
Mouton, chèvre	0	50

Droits de pesage des animaux vivants.
Cinquante centimes par tête.

Droits de transport et de dénaturation des viandes saisies.
Cinq francs par animal.

Droits pour désinfection, étables, tueries ou voitures.
Cinq francs par désinfection.

TITRE X.

Dispositions Générales.

ARTICLE 132.

Toutes les infractions au présent règlement seront constatées par des procès verbaux et poursuivies conformément aux lois devant les tribunaux compétents.

ARTICLE 133.

Les règlements et les dispositions antérieures à ce jour concernant le service de l'abattoir de l'inspection des viandes et des foires et marchés sont abrogés.

ARTICLE 134.

Le présent règlement sera imprimé aux frais de la ville et remis gratuitement à tous les intéressés qui en feront la demande à l'Inspection des subsistances.

ARTICLE 135.

M. le Vétérinaire inspecteur de l'abattoir, M. le Préposé en chef de l'octroi, M. le Commissaire de police, MM. les Vétérinaires inspecteurs des marchéss, ont chargés, chacun en ce qui le concerne, de l'exécution du présent règlement qui sera affiché et publié, après avoir été soumis à l'approbation de M. le Préfet de la Somme.

Abbeville, le 8 Mars 1924.

Le ·Maire,

O. BERTIN.

Abbeville, le 8 Mars 1924,

Le Vétérinaire inspecteur,
Directeur de l'abattoir,

P. GAILLARD.

Vu et approuvé,

Amiens, le 10 *Mars* 1924.

Le Préfet de la Somme,

P. ÉMERY.

APPENDICE AU RÈGLEMENT

NOMENCLATURE
des Maladies entrainant la Saisie.

1° SAISIES TOTALES.

A. — Maladies microbiennes ci-dessous désignées.

1° Peste bovine (art. 42 de la loi du 21 juin 1898 sur le Code rural) ;

2° Morve et Farcin (art. 42 de la loi du 21 juin 1898 sur le Code rural) ;

3° Rage ou suspicion de rage (art. 42 de la loi du 21 juin 1898 sur le Code rural) ;

4° Charbon, Sang de Rate ou Fièvre charbonneuse (art. 42 de la loi du 21 juin 1898 sur le Code rural) ;

5° Charbon essentiel ou symptomatique (art. 42 de la loi du 21 juin 1898 sur le Code rural) ;

6° Tétanos généralisé ; Tétanos étendu ;

7° Diarrhée infectieuse des jeunes animaux ;

8° Polyarthrite infectieuse des jeunes animaux ;

9° Gémie confirmée ou douteuse ;

10° Septicémie confirmée ou douteuse (gangrène) ;

11° Infection putride confirmée ou douteuse (sapiocémie) ;

12° Pasteurelloses à formes aiguës ou suraiguës (fièvre typhoïde du cheval, septicémie hémorrhagique des bovins et des ovins, pneumo-entérite du porc) ;

13° Tuberculose bovine dans les conditions prévues par l'arrêté ministériel du 11 février 1909 ;

14° Tuberculose porcine et des autres animaux, quand les lésions sont dites généralisées ;

15° Tuberculose des volailles, du gibier, quelle que soit l'étendue des lésions.

B. — Maladies parasitaires ci-dessous désignées

1º Trichinose ;

2º Ladrerie (cysticcicose), au-dessus de 20 grains approximativement dans les espèces bovine, ovine, porcine, etc Cette limite de 20 grains pourra être dépassée suivant l'appréciation du vétérinaire inspecteur pour les animaux d'un poids de viande nette (tissu musculaire) supérieur à 100 kilogrammes ;

3º Cœurrose musculaire généralisée ;

4º Ptorospermose musculaire généralisée dans les cas soit de majorité étendue, soit de véritables envahissements des muscles par des modules volumineux.

C. — Maladies générales ou inflammatoires, contagieuses ou non, quand elles s'accompagnent d'un état fébrile et donnent une viande fiévreuse, saigneuse, surmenée.

Exemples :

Tuberculose.	Métrite.
Pseudo-tuberculose.	Frais vélage avec fièvre (accidents de fracturation).
Péripneumonie contagieuse.	dents de fracturation).
Clavelée.	Fièvre vitulaire.
Fièvre aphteuse.	Traumatisme grave.
Anasacque.	Plaies remontant à une certaine époque.
Arthrite.	taine époque.
Pleurésie.	Pneumonie.
Péritonite.	Pneumo-entérite du porc.
Gastrite.	Phlegmon ou abcès.
Fièvre typhoïde.	Coryza gangréneux.
Gourme maligne av. catarrhe.	Rouget du porc.
Entérite.	Etc. etc.

D. — Maladies ou affections chroniques qui rendent la viande insalubre.

Ictère très accentué (viande fortement ictérique).
Urémie.
Rétention d'urine avec infiltrations urineuses.

Hydrocémie (hydropisie générale du tissu cellulaire sous-cutanée et intermusculaire.

Cachexie aqueuse avancée (transformation, muqueuse de la graisse).

Cachexie sèche avancée (graisse sèche, farineuse et pulvérulente.)

Etisie (transformation gélatineuse de la graisse, animaux n'ayant pas la moelle).

Tumeurs généralisées quelles que soient leurs natures.

Javart ancien compliqué de suppuration.

Clou de rue compliqué de suppuration.

Maux de garrot invétérés.

Maux d'épaule invétérés.

Maux de nuque invétérés.

Etc., etc.

E. — Transformations, ramollissements, dégénérescences diverses, néoplasies maliques, etc. ; en général, toutes les altérations profondes et étendues naturelles ou accidentelles du tissu musculaire qu'elle qu'en soit la nature et la cause.

Exemples :

Dégénérescences généralisées des muscles sous l'une des formes suivantes : 1º graisseuse ; 2º fibreuse ; 3e vitreuse ou cireuse ; 4º pigmentaire (infiltration mélanique), etc.

Ecchymoses multiples de la plupart ou de tous les muscles.

Concrétions calcaires ou caséeuses généralisées des muscles.

Abcès multiples donnant la certitude ou le soupçon d'un état morbide généralisé.

Carcinome généralisé ou en voie de généralisation.

Sarcome généralisé ou en voie de généralisation.

Epithéliome généralisé ou en voie de généralisation.

Mélanose généralisée ou en voie de généralisation.

Néoplasies diverses généralisées ou en voie de généralisation.

Etc., etc.

F. — Altérations manifestées des chairs caractérisant les viandes dites « fiévreuses, saigneuses ou surmenées » et susceptibles d'en provoquer rapidement la putréfaction, quand ces altérations sont dues à des causes même indéterminées autres que celles indiquées au Titre C. du présent article.

Exemples :

Ces cas peuvent se présenter sur des animaux qui ont supporté des fatigues dures et prolongées, qui ont subi des mauvais traitements ou qui ont éprouvé des accidents graves, etc., etc.

G. — Maladies, accidents et états divers rendant les viandes insalubres, répugnantes ou suspectes.

Exemples :

Intoxication générale (animaux empoisonnés).

Médication altérant les chairs (animaux médicamentés).

Maigreur très accentuée ou extrême, notamment quand elle est associée à un état morbide, soit anormal, léger ou douteux·

Mort naturelle consécutive à une maladie quelconque.

Mort accidentelle non suivie de saignée immédiate et d'éviscération pratiquée hâtivement.

Etat fatal (animaux dits mort-nés). Fœtus extraits d'une façon quelconque de la matrice des vaches, brebis, chèvres, truies, juments, etc., à quelque période que ce soit de la gestation ou plénitude. Fœtus nés avant terme ou avortons.

Défaut d'âge, extrême jeunesse ou état d'immaturité (viande trop gélatineuse).

En thèse générale, les veaux, poulains, ânons, muletons, agneaux, chevreaux, porcelets, etc., ne peuvent être abattus avant l'âge de 25 à 30 jours.

Ils ne sont utilisables qu'après la fin de cette période de la vie, qu'autant que leur apparence indique qu'ils ont toujours été bien portants et bien nourris.

H. — Odeurs fortes, anormales et désagréables de la viande dues soit à un état morbide, soit à l'ingestion de médicaments et d'aliments, soit à ses secrétions physiologiques, soit à l'enlèvement tardif des viscères abdominaux.

Exemples :

Odeur ammmoniacale.	Odeur d'oignon pourri.
Odeur éthérée.	Odeur vermineuse (ascarides).
Odeur phéniquée.	Odeur spermatique.
Odeur sulfureuse.	Odeur des porcs riles.
Odeur de camphre.	Odeur de beurre rance.
Odeur d'essence térébenthine.	Odeur de tourteaux rances.
Odeur de Féni grec.	Odeur de lait aigre. Etc., etc.

2º SAISIES PARTIELLES.

A. — Tuberculose.

Tuberculose bovine dans les conditions prévues par l'arrêté ministériel du 11 février 1909.

Tuberculose porcine et des autres animaux quand les lésions sont dites localisées, c'est-à-dire quand il n'y a ni lésions musculaires, ni lésions ganglionnaires généralisées.

B. — Lésions parasitaires
localisées dans différents tissus ou viscères.

Exemples :

Actinomycose (orteo-saccome), botryomycose, dutomes, cysticciques tennecoles, eclunocoques, shongles, coccidies, siégeant dans les viscères.

Tchniocoques, cœnures, dutomes occupant une région ou un organe autre qu'un viscère.

Etc., etc.

C. — Lésions locales diverses (aiguës ou chroniques) intéressant différents tissus ou viscères sans altération générale de la viande.

Exemples :

Affections, inflammatoires des organes thoraciques ou abdominaux non accompagnées de fièvre générale.

Lésions inflammatoires locales ou consécutives à l'inflammation, néoformation, suppuration, hypertrophie, gangrène locale, etc.

Traumatismes divers, ecchymoses, plaies, abcès, contusions, luxations, fractures, etc.

Tumeur bénigne d'une région (fibrome, kyste, etc.).

Dégénérescences diverses siégeant exclusivement dans certains tissus ou viscères (selecose, atrophie, etc.).

Lésions diverses limitées à certaines parties (crapaud, eaux aux jambes, épanchements œdème, etc.).

D. — Altérations de la viande et des organes postérieures à la mort des animaux.

Exemples :

Dessication, relent, œufs et larves d'insectes, souillures par des matières provenant soit des réservoirs digestifs, soit de l'appareil urinaire ou par des substances malpropres quelconques.

Putréfaction imminente ou confirmée.

4867 J. — Imp. du *Progrès de la Somme*, 18, rue Alphonse-Paillat. — AMIENS.

www.ingramcontent.com/pod-product-compliance
Ingram Content Group UK Ltd.
Pitfield, Milton Keynes, MK11 3LW, UK
UKHW020048100726
13658UKWH00004B/1628